Olivier Mulenga Mbamba

L'ampleur de l'Etoile

Olivier Mulenga Mbamba

L'ampleur de l'Etoile

Éditions Croix du Salut

Imprint
Any brand names and product names mentioned in this book are subject to trademark, brand or patent protection and are trademarks or registered trademarks of their respective holders. The use of brand names, product names, common names, trade names, product descriptions etc. even without a particular marking in this work is in no way to be construed to mean that such names may be regarded as unrestricted in respect of trademark and brand protection legislation and could thus be used by anyone.

Cover image: www.ingimage.com

Publisher:
Éditions Croix du Salut
is a trademark of
International Book Market Service Ltd., member of OmniScriptum Publishing Group
17 Meldrum Street, Beau Bassin 71504, Mauritius

Printed at: see last page
ISBN: 978-613-7-36414-7

« L'Ampleur de l'Etoile »

Auteur : Olivier MULENGA Mbamba

« ....Des paroles pleines de charme bouillonnent dans mon cœur .Je dis Mon œuvre est pour le Roi ! Que ma langue soit comme la plume d'un habile écrivain »

« L'Ampleur de l'Etoile »

Auteur : Olivier MULENGA Mbamba

« L'Ampleur de l'Etoile »

Auteur : Olivier MULENGA Mbamba

CHAPITRE I. INTRODUCTION

Le monde entier travers de difficultés énormes et les hommes ses plaignent de situations difficiles qu'ils vivent au quotidien.

La vie d'un homme est fonctions des principes Divins pour qu'il soit heureux et harmonieuse.

Malheureusement la nature et toutes ses lois ont été corrompues par le destructeur qui a profité de la chute de l'homme pour renverser le parcours normal des choses selon la vision de Dieu.

« L'Ampleur de l'Etoile »

Auteur : Olivier MULENGA Mbamba

Gloire soit rendu au Créateur, Dieu tout puissant et à Jésus –Christ, le Premier né entre tous !

Le diable malgré sa ruse n'a pas pu effacer ni contrôler le principe Divin qui nous ont été destiné par Dieu afin de vivre en Maître de toutes les créatures et de demeurer toujours le dominateur de ceux-ci.

Mais pourquoi un chrétien est bloqué et ne peux avancer dans sa vie malgré ses efforts ?

Dans juges 5 : 20 ,il est dit « Des cieux on combattit, De leurs sentiers les étoiles combattirent contre sisera »

« L'Ampleur de l'Etoile »

Auteur : Olivier MULENGA Mbamba

Dans 1 Corinthiens 15 :14 il est dit : « Autre est l'éclat du soleil, autre est l'éclat de la lune, et autre l'éclat des étoiles ; même une étoile diffère en éclats d'une autre »

C'EST QUOI UNE ETOILE ?

L'étoile est en définition un astre fixe qui brille par sa lumière propre, un astre considéré par rapport à son influence sur vie des hommes ; c'est pour quoi même on utilise en français l'expression « Etre ne sous une bonne étoile ».on utilise le mot « étoile »souvent pour désigner un artiste célèbre ou du plus haut échelon.

« L'Ampleur de l'Etoile »

Auteur : Olivier MULENGA Mbamba

Nous comprenons donc que cette astre fixe et brillant appelé étoile est l'un des éléments qui détermine la destiner de l'homme. C'est pourquoi à chaque naissance corresponds une nouvelle étoile qui brille dans le ciel et qui porte ton nom.

Ainsi quel que soit votre état physique (infirme, paralytique, aveugle,……), chômeurs, sans emplois, ect .Sachez que votre « Etoile est en bonne état, bonne santé, riche et prospère ».Réjouissez-vous donc de cette bonne nouvelle en Christ ,pour ce miracle et la délivrance de votre vie au travers de ce livre. Amen !!!

Dans le livre de Genèse 1 :14-18.

« L'Ampleur de l'Etoile »

Auteur : Olivier MULENGA Mbamba

Il est dit : « Dieu dit :Qu'il y ait des luminaires dans l'étendue du ciel ,pour séparer le jour d'avec la nuit ;que ce soient des signes ,pour marquer les époques ,les années ;et qu'ils servent de luminaires dans l'étendue du ciel ,pour éclairer la terre .Et cela fut ainsi .Dieu fit deux grands luminaires pour présider à la nuit :il fit aussi les étoiles .Dieu les plaça dans l'étendue du ciel ,pour éclairer la terre ,pour présider au jour et à la nuit ,et pour séparer la lumière d'avec les ténèbres .Dieu vit que cela était bon. Ainsi, il y eut un soir, et il y eut un matin : ce fut le quatrième jour. »

« L'Ampleur de l'Etoile »

Auteur : Olivier MULENGA Mbamba

Dieu a créé des luminaires et parmi celles –ci, « ...Il fit les étoiles »

Dans Genèse 2 :1-3 , la parole de Dieu nous dit : « AINSI furent Achevés les cieux et la terre, et toute leur armée. Dieu acheva au septième jour l'œuvre, qu'il avait faite : et il se reposa......Dieu bénit le septième jour, et Il le sanctifia.... »

Il nous est prouvé dans ce verset que les étoiles sont aussi comptées parmi les armées de l'Eternel Dieu placé pour soldats des cieux et de la terre pour leurs protections.

« L'Ampleur de l'Etoile »

Auteur : Olivier MULENGA Mbamba

Or lorsque nous parlons des cieux et la terre nous voyons toutes les créatures qu'elles renferment ainsi que toutes les armées qui y sont.

« L'Ampleur de l'Etoile »

Auteur : Olivier MULENGA Mbamba

Auteur : Olivier MULENGA Mbamba

CHAPITRE II. TU AS UNE ETOILE REPRESENTATIVE AU CIEL

Genèse 15 : 5

Nous dis : « Et, après l'avoir conduit dehors, il dit : Regarde vers le ciel, et compte les étoiles, si tu peux les compter .Et il lui dit : Telle sera ta postérité ».

Au verset 6 du même verset il est dit : « Abram eut confiance en l'Eternel, qui le lui imputa à justice »

« L'Ampleur de l'Etoile »

Auteur : Olivier MULENGA Mbamba

En méditant le passage qui parle de l'Etoile que les mages d'Orient vu le jour de la naissance de Jésus –Christ le sauveur de l'Humanité (Matthieu 2 :1-2),cela démontre spirituellement ; quand une personne né, son étoile représentative apparait au ciel .

Qui sont les mages ?

Ce sont des spécialistes pour détecter et lise les sens des étoiles.

Ils vont jusqu'à viner l'avenir d'une personne ou d'une nouveau née.

« L'Ampleur de l'Etoile »

Auteur : Olivier MULENGA Mbamba

Certaine religions ont initié cette art de la lecture de l'avenir des vies des hommes afin des nuire aux autres et des profiter de leurs étoiles afin des s'enrichir .c'est ainsi que vous verrai plusieurs personnes bloquer dans leurs entreprises et assujetti depuis leurs naissances et ne peuvent avancer ou prospérer.

La prophétie n'est pas mauvaise ni l'imposition des mains mais des quels esprits agissez –Vous ??

Remarque : chers lecteur à chaque fois que quelque prophétise sur vous ou vous impose les mais poser vous la question qu'est-ce qu'il a ajouté ou pris sur votre vie ??

« L'Ampleur de l'Etoile »

Auteur : Olivier MULENGA Mbamba

Dans les livre des Actes des Apotres8 :9-25, nous voyons un certain Simon qui pratiquait la magie, prophétisait, guérissait, opérait des miracles,...en se faisant passer pour serviteur de Dieu .Et toute la ville a cru en lui mais il fallait des années pour qu'ils sont découvert par les apôtres.

Analyse: combien des personnes est ce que Simon avait entrainé chez Satan ?et combien sont été dépouillé ?

Mais gloire soit rendu à Dieu, pleine d'amour et des miséricordes qui délivre son peuple au travers ce message.

« L'Ampleur de l'Etoile »

Auteur : Olivier MULENGA Mbamba

Mattieu 2 :2-11 :

«...et dirent Où est le roi des juifs qui vient de naître ?car nous avons vu son étoile en orient et nous sommes venus pour l'adorer.... »

Analyse : Pensez-vous vraiment qu'ils venaient pour l'adoré ?

Or Jésus lui-même dit dans Jean 10 :10 ; « le voleur ne vient que pour dérober, égorger et détruire ; moi, je suis venu afin que les brebis aient la vie, et qu'elles soient dans l'abondance »

Plus loin nous verrons que ces mages sont venues avec les présents l'or, l'encens et de la myrrhe (Matt2 :11).Or la bible continu à nous dire « que la main qui donne est supérieur à celle qui reçoit »

Parlons du sens et Rôle spirituels de ces trois présent (or,encens,myrrhe) dans la deuxième édition de ce livre.

Après avoir étudié l'ampleur de l'étoile qu'ils ont vu à partir de l'orient ,les mages ont compris que cela n'était pas l'étoile de n'importe qui ;l'étoile qu'ils ont vu ne peut en aucun cas s'agir d'une supernova ou d'une conjonction de planètes ,comme certaines théories modernes l'avancent, en raison de la manière dont l'étoile

se déplaçait avant de s'immobiliser au – dessus d'un lieu précis .cette étoile s'agissait probablement d'un phénomène surnaturel qui les a permis de comprendre la grandeur de la personne qui était née ;cette étoile étant extraordinaire ,d'une ampleur royale et se dirigeant en Israël ,les a pousser à se rendre dans la famille royale et de demander la précision : « où est le roi des juifs qui vient de naitre ?car nous avons vu son étoile en Orient ,et nous sommes venus l'adorer »(Matthieu 2 :2) .

Dialoguant avec Abraham au Sujet de sa postérité, l'Eternel Dieu Créateur ; dans une vision, dit : « ....Abram, ne crains point, je suis ton bouclier, et ta récompense sera très grande. Abram répondit :Seigneur Eternel ,que me donneras-tu ?je m'en vais sans enfants ;et héritier de ma maison, c'est Eliezer de Damas .Et Abram dit :voici ,tu ne m'as pas donné de postérité ;et celui qui est né dans ma maison sera mon héritier .Alors la parole de l'Eternel lui fut adressée ainsi ;ce ne pas lui qui sera ton héritier ,mais c'est celui qui sortira de tes entrailles qui sera ton héritier. Et après l'avoir conduit hors , il dit :regarde vers le ciel ,et comptes les étoiles ,si tu peux les compter. Et il lui dit : telle sera ta postérité (Genèse 15 :1-5).

L'Eternel confirma à Isaac l'alliance conclue avec Abraham en faisant ressortir la phrase qui dit : « ...,et je tiendrai le serment que j'ai fait à Abraham ,ton père .Je multiplierai ta postérité comme les étoiles du ciel ;je donnerai à ta postérité toutes ces contrées ;et toute les nations de la terre seront bénies en ta postérité » .(Genèse 26 :3-4),

Dans 1 chroniques 27 :23-24, nous voyons le David se référer à l'alliance de Genèse 15 :1-5 pendant le dénombrement.

Dans un songe fait par joseph, il a reçu la révélation des étoiles représentatives des enfants d'Israël qui se prosternaient devant lui (Genèse 37 :9-10).

« L'Ampleur de l'Etoile »

Auteur : Olivier MULENGA Mbamba

Lorsque l'Eternel envoya Ezéchiel prononcer une complainte sur le roi d'Egypte et tous les chefs qui gravitaient autour de lui, dit : « ……,je voilerai les cieux et j'obscurcirai leurs étoiles…. »(Ezéchiel 32 :7) .

Job 3 :1-10 nous dit : «…… que les étoiles de son crépuscule s'obscurcissent, qu'elle attende en vain la lumière,…. »,

Remarque : Nous voyons Job qui maudit le jour de sa naissance en maudissant ses étoiles.

« L'Ampleur de l'Etoile »

Auteur : Olivier MULENGA Mbamba

La personne humaine né avec combien d'étoiles ? Et Qu'elles sont ses étoiles ? Nous en parlerons dans notre prochain livre en détails.

« L'Ampleur de l'Etoile »

Auteur : Olivier MULENGA Mbamba

Auteur : Olivier MULENGA Mbamba

CHAPITRE III.TU ES COMBATU PARCE QUE TU ES UNE ETOILE PUISSANTE

Matthieu 2 :3-8

Bien aimé dans le Seigneur, en méditant profondément la réaction d'Hérode roi d'Israël, lorsqu'il a appris la nouvelle de l'ampleur de l'étoile de JESUS-CHRIST, la bible dit premièrement : « le roi Hérode, ayant appris cela fut troublé, et tout Jérusalem avec lui »(Matthieu 2 :3) ;cela prouve à suffisance comment tes ennemis et leurs allié Satan sont troublés en voyant l'ampleur de ton étoile.

« L'Ampleur de l'Etoile »

Auteur : Olivier MULENGA Mbamba

Deuxièmement, la Bible dit ceci dans Matthieu 2 :4 sur Hérode : « il assembla tous les principaux sacrificateurs et les scribes du peuple, et il s'informa auprès d'eux où devrait naître le CHRIST »

Les principaux sacrificateurs étant des personnages placés au sommet de hiérarchie du temple ,la plus part d'entre eux étaient des sadducéens ,les scribes et les pharisiens ,qui faisaient autorité dans les questions relatives à la juive .Il étaient parfois appelés « docteurs de la loi »(Matthieu 3 :7,luc 10 :25),ils étaient des professionnels spécialisés dans l'explication de la loi et son application, connaissant exactement le lieu de la naissance du Messie, ils lui dirent : « A Bethlehem en Judée, tu n'es certes pas la moindre entre les principales villes de Juda ,car de toi sortira un chef qui paitra Israël, mon peuple. »(Matthieu 2 :5-6).

Lorsque Hérode eut reçu les précisions sur le lieu où était le propriétaire de l'étoile que le mages suivaient, et comprit qu'il était la personne que le prophète Michée avait prophétisée dans Michée 5 :1-11 : « ....Et toi, Bethlehem, Ephrata, Petite entre les milliers de Juda, De toi sortira pour moi Celui qui dominera sur Israël, Et dont l'origine remontes aux temps anciens. Aux jours de l'Eternité.... »

« L'Ampleur de l'Etoile »

Auteur : Olivier MULENGA Mbamba

la Bible dit dans Matthieu 2 :7-8: « Alors Hérode fit appeler en secret les mages, et s'enquit soigneusement auprès d'eux depuis combien de temps l'étoile brillait ? Puis il les envoya à Bethlehem, en disant : Allez, et prenez des informations exactes sur les petit enfant ; quand vous l'aurez trouvé ,faites le-moi savoir ,afin que j'aille aussi moi-même l'adorer ».

NB : Qu'est ce qui a été dit sur toi avant ta naissance ? Le diable et tous ces acolytes ne cherchent que les informations exactes sur ta vie afin de te nuire.

Faite attention à la personne dont vous vous confier car il est dit dans le Saintes Ecriture : « .....les jours sont

mauvais... » et plus loin dans le livre de Daniel « .....que celui qui lut fasse attention ... »

Gloire soit rendu à l'Eternel Dieu Tout Puissant, la Manne cachée qui révèle se chose et nous exhorte à retenir notre langue .

Le démarche que Hérode a fait en secret ici, démontre qu'il avait peur, parce que le propriétaire de cette étoile représentait une menace possible pour son trône ; et qu'il désirait connaître exactement ou et qui il était afin de le tuer pour sauvegarder son trône (Matthieu 2 :12-18).

« L'Ampleur de l'Etoile »

Auteur : Olivier MULENGA Mbamba

N'est-ce pas étonnant chers lecteurs ?qu'il y a-t-il entre Hérode, tout un roi avec son gouvernement, contre un nourrisson ?

C'est ainsi que le diable a toujours était troubler à cause de l'ampleur de ton étoile et de la destiné prophétique de ta vie, et il mobilise ses acolytes et fait tous les moyens possible pour t'éliminer (1 Pierre 5 :8-9,Ephésiens 6 :10-12).En disant : « les mêmes souffrances sont imposées à vos frères dans le monde »,cela veut dire que le descendance d'Abraham qui ont des étoiles représentatives puissantes traversent toujours des épreuves similaires, suscitées par le lion rugissant qui ne cesse jamais d'essayer de les dévorer (Apocalypse 12 :7 ,12).

« L'Ampleur de l'Etoile »

Auteur : Olivier MULENGA Mbamba

CHAPITRE IV. LORSQU'UNE ETOILE BRILLE

Job38 :7

« Alors qu'ensemble les étoiles du matin éclataient en chants de triomphe, et que tous les fils de Dieu lançaient des acclamations ? »

Cela veut dire que, lorsque ton étoile représentative brille au ciel, cela va éclairer tes entreprises et apporter la joie .Donc, ta réussite sur la terre des vivants et ta grandeur, dépend de l'éclat de ton étoile représentative (1 corinthiens 15 :40-41) et de la procession de tes étoiles ; car dans l'univers crée par Dieu, il existe une grande

variété de corps et de formes qui correspondent à des modes d'existence différentes.

Votre étoile peut soit perdre son éclat et n'est pas éclairé, ou soit s'obscurcir et ou soit s'éteindre.(nous expliquerons en détails dans la deuxième édition)

Ce pourquoi dans le livre d'Esaïe 60 :1-3, la parole de Dieu nous dit ceci : « Lève-toi, sois éclairée, car ta lumière arrive, Et la gloire de l'Éternel se lève sur toi. Voici, les ténèbres couvrent la terre, Et l'obscurité les peuples; Mais sur toi l'Éternel se lève, Sur toi sa gloire apparaît. Des nations marchent à ta lumière, Et des rois à la clarté de tes rayons. »

« L'Ampleur de l'Etoile »

Auteur : Olivier MULENGA Mbamba

Nous comprenons par le premier verset de ce chapitre qu'il s'agissait d'un état de chute .Et Dieu dans son amour, nous appelle à n'est pas demeuré dans l'Etat des péché, ni dans la défaite mais plus tôt de nous relever et de poursuivre notre marche pour éclairer les nations.

Car il dit : « ... Des nations marchent à ta lumière, Et des rois à la clarté de tes rayons. »

« L'Ampleur de l'Etoile »

Auteur : Olivier MULENGA Mbamba

Auteur : Olivier MULENGA Mbamba

CONCLUSION

Job 39 :1-7

« L'Eternel répondit à Job au milieu de la tempête et dit : Qui est celui qui obscurcit mes dessins par des discours sans intelligence ?...Alors que les étoiles du matin éclataient en chants d'allégresse, et que tous les fils de Dieu poussaient des cris de joie ? »

Par ces questions mots le Créateur a voulu faire comprendre à Job, qu'il est né pour éclairer les desseins de l'Eternel Dieu, au lieu de les obscurcir par des lamentations. Au verset 7, il parle des étoiles du matin au

pluriel et qu'ils éclataient en chant d'allégresse et que les fils de Dieu poussaient des cris de joie.

« L’Ampleur de l’Etoile »

Auteur : Olivier MULENGA Mbamba

Que Dieu Vous Bénisses !

« L'Ampleur de l'Etoile »

Auteur : Olivier MULENGA Mbamba

« L'Ampleur de l'Etoile »

Auteur : Olivier MULENGA Mbamba

Table des matières

« L'Ampleur de l'Etoile »

Auteur : Olivier MULENGA Mbamba

« L'Ampleur de l'Etoile »

Auteur : Olivier MULENGA Mbamba

« L'Ampleur de l'Etoile »

Auteur : Olivier MULENGA Mbamba